深層心理の占い方

絶対的なルールはありません。やり方はいろいろあります。
毎回カードの表と裏をお香の煙や香水で清めるとよいでしょう。

〈一般的な例〉

準備

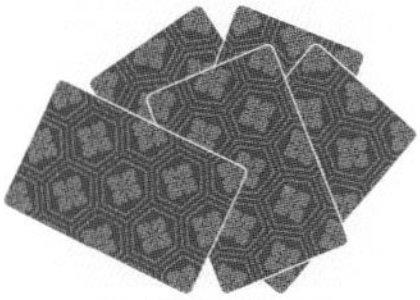

❶ カードを裏向きのまま
左手で時計方向に混ぜ
シャッフルします。

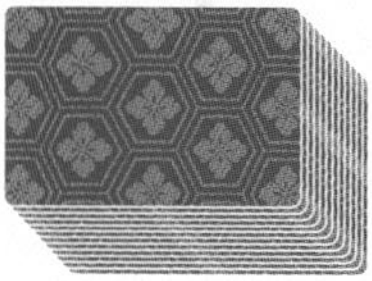

❷ 三角形をイメージして両手で
1つにまとめます。

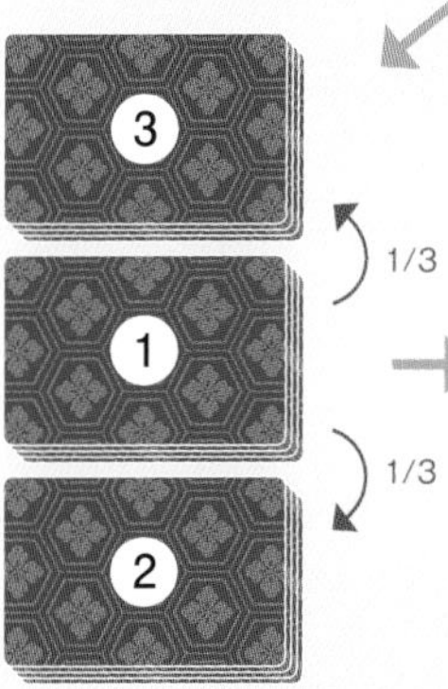

❸ 中央にカード全てを置き、
上下に1/3ずつ分け、3つ
の束（パイル）を作ります。

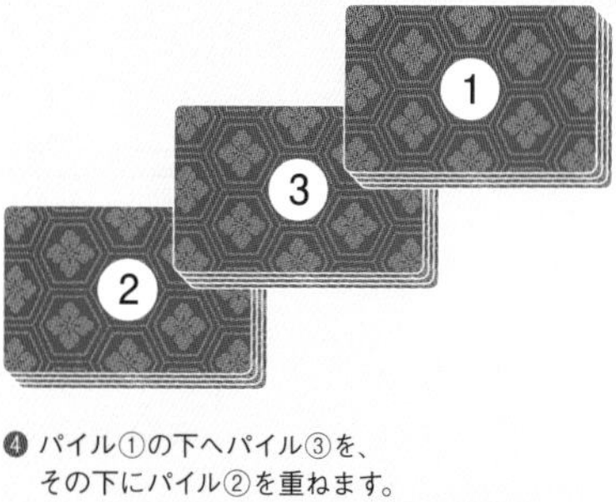

❹ パイル①の下へパイル③を、
その下にパイル②を重ねます。

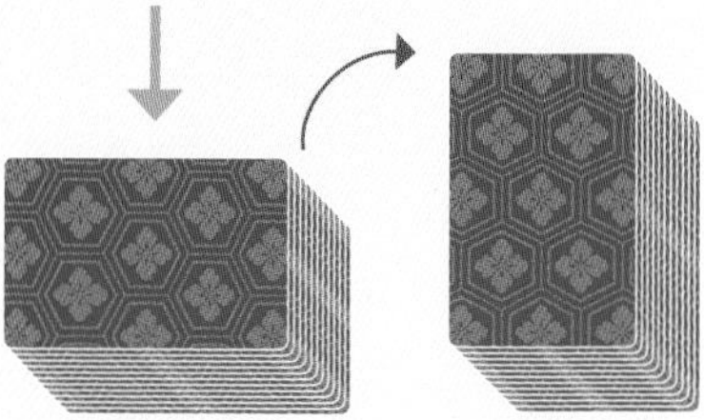

❺ 横向きのカードを
時計回転方向に
縦に向けます。

展開（スプレッド）

一番上のカードを①に置き、2番目のカードを②に置き、3番目のカードを③に置きます。
各位置のカードが意味するものを説明します。

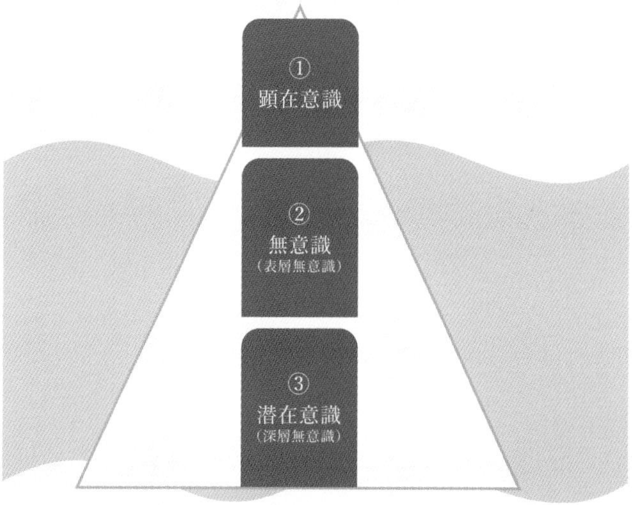

※占術例は43ページを参照してください

① 顕在意識：自分で認識できる意識層
② 無意識（表層無意識）：自分の意志で認識していない意識層
③ 潜在意識（深層無意識）：自分では認識できない意識層

次ページから人生を豊かにする大アルカナと小アルカナのタロットカードの意味を示します。大切な家族や仲間、チームと一緒に過ごすための言葉を見つけましょう。

タロットカード解説

大アルカナ（メジャーアルカナ）

0の「愚者」から21の「世界」までは、何もない「無」の状態からカードが象徴するあらゆる人生を経て物事が「完成」する人生観を表すと言われています。心理的にも重要な動きを示し、意志の決定や歓喜、不安やストレスなどを表しますが、絶対的な解釈はありません。

チームのレジリエンス（回復力）を高めるためのポジティブな感情は、心理学者のバーバラ・フレドリクソン氏[※1]が、「喜び」・「感謝」・「安らぎ」・「興味」・「希望」・「誇り」・「愉快」・「鼓舞」・「畏敬」・「愛」など10を取り上げています。どのような時に感じるのかを意識しましょう。大アルカナの解釈を一言で表現し10の感情に相当すると思われるカードに入れてみました。

【0】愚者「愉快」、【1】魔術師「興味」、【3】女帝「愛」
【4】皇帝「誇り」、【5】教皇「安らぎ」、【10】運命の輪「感謝」
【11】力「鼓舞」、【13】死神「畏敬」、【17】星「希望」
【19】太陽「喜び」

絵柄のイメージを自分なりの思いで楽しんでください。

チームのメンバーで、一番大切に思っていることが異なっていて当然です。尊重し合いお互い高め合える関係が重要です。

※1　バーバラ・フレドリクソン：心理学者、ノースカロライナ大学教授。米国心理学会初の「ポジティブ心理学テンプルトン賞」最優秀賞など、ポジティブ感情の研究において数々の賞を受賞。

0

愚者

一人の若者が、白い犬と共に崖の上で
新たな道（未知）へ飛び込もうとしています。
冒険の旅が始まります。

カードの意味

- 失敗を恐れず、勇気を持って未知の世界に飛び込みます
- 新たな道には、驚きと発見があり好奇心が宿ります
- 自分の内なる声に耳を傾け、自らの直感を信じて進みます

風呂敷に「愉、快、」爽快
無限の可能性
入れ進もう

1

魔術師

若い男性が片手に火がついた蝋燭《ろうそく》を持ち、
テーブルに「杖・聖杯・剣・金貨」を置いて、
何かを創り出そうとしています。

カードの意味

- 創造力に満ちあふれ新たなアイデアが生まれます
- 決断力は、強い行動力となり、自立生活が向上します
- 心は、感情的に調和しており、安らぎをもたらします

「興味」持ち
自分を信じて
始めよう

2

女教皇

神に仕える巫女《みこ》で最高権力者。
手には、人間には容易に理解できない
教典（宇宙の真理）を携えています。

カードの意味

- 信頼関係が平穏な中で育まれます
- 慎重なため、管理が行き届いています
- 深く考え内省します。良い瞑想ができるでしょう

誠意と知識で
良い変化が
訪れる

3

女帝

稲穂が頭《こうべ》を垂れ、たわわに実っている姿は、
謙虚さを持つ母性愛
妻や恋人の献身的な女性愛でもあります。

カードの意味

- 聡明な知恵と活発な精神は、コミュニケーションを容易にします
- 多様性で思考を豊かにし、希望する成功へと導きます
- あらゆる問題に対して有効な解決をもたらします

「愛」の
笑顔で
未来有望

4

皇帝

背後は険しい山々が重なり、
鎧武者《よろいむしゃ》が岩の玉座《ぎょくざ》に座して、
社会のルールと規範を示し、
厳しい父親の役割を担います。

カードの意味

- 心理的安全性は、チームでの計画をしやすく導きます
- 信頼あるチームや家庭には強い絆があります
- しっかりした心の基盤があり、幸福をもたらします

「誇り」、信頼関係がチームを築く

5

教皇

修行僧たちの規律を指導し、教義を伝授する
高僧の阿闍梨《あじゃり》。チベット密教において、
阿闍梨は図書館一つに匹敵するとも言われ、
自身が教典でもあります。

カードの意味

- 寛大なアドバイスが、精神的保護となります
- 尊敬し合い、お互いに交わす愛情が安心感となります
- 穏やかに価値観について話します

「安らぎ」と
心の広さが
調和となる

6

恋人

中央は縁結びの神様です。
生命の本能から赤い羽根の神が
２人を結びつけようとしています。
恋人達は真実の愛を選択しようとしています。

カードの意味

- 同僚やチームのメンバーに恵まれます
- 思いやりが、調和や協力の追い風になります
- 同じ立場で気軽に会話し、形式にとらわれない取り組みができます

違う意見
率直な対話で
良きチーム

7

戦車

太平記などの軍記物語や英雄伝に登場する武将。
現代でいうスポーツ選手・宇宙飛行士・
国家の指導者などがオープンカーに乗り
パレードする様子にも見えます。

カードの意味

- 前向きな行動は、心の健康へと導きます
- 良い情報を取り入れ、効果的な体調管理ができます
- 自分を信じた行動が建設的な道へと導きます

白と黒
考えあれど
前に進もう

8

正義

判断を下す法廷の裁判官。沈着冷静な正義の女神。
絶対的な宇宙の摂理で、人間の都合により
変えることができない掟を自他共に守る
厳しさを求めています。

カードの意味

- 公平な立場で問題を解決し、ルールを決めます
- 公正さを目指し、柔軟性を大切にしましょう
- 冷静で合理的な良い緊張感で潔い結果を導きます

平等か？
天秤で量りて
剣で裁く

9

隠者

秘境の仙人に見える老賢者は、

“知識” の灯りを手に持っています。

博学の道士、俗世間からかけ離れた場所に身を置き、

学問であらゆる真理と叡智《えいち》を携え下界を照らしています。

カードの意味

- 信頼と知識の探求が瞑想へと導きます
- 感情表現ができず、自分で孤立を好みます
- 規則正しい行動で探求心を膨らませます

真面目に
取り組み
心に灯りあり

10

運命の輪

方位磁針のような円盤が描かれ、
繰り返し巡る１年の四季を示します。
天使（冬）・鷲（秋）・牛（春）・獅子（夏）。

カードの意味

- タイミング良く、素晴らしいチャンスに出会えます
- 順調で予定通りに進みます
- 実力以上の成果をもたらしてくれます

「感謝」
して鳥どり
四季変化

11

力

大和撫子が、柔和で優雅な所作により
攻撃性を全く見せずに百獣の王である
獅子を飼いならしています。

カードの意味

- 強い意志を持った頼もしい人です
- 仲間に勇気づけられます
- 平和のために努力します

「鼓舞」猛獣も
猫のように
飼いならし

12

吊るされた男

後光が差した男性が、逆さに吊るされて
微笑みを浮かべています。
自己犠牲を強いられても
耐え抜く精神力を問われています。

カードの意味

- 自ら献身的に尽くします
- 謙虚で譲り合う気持ちがあります
- 違った角度から人や物事を見ることができます

最後まで
諦めないで
達成感

13

死神

旗を手にした鎧武者《よろいむしゃ》が白馬に乗ってやってきました。

烏帽子《えぼし》を頭にした貴族が横たわっています。

死は貧富を問わず訪れることを示します。

カードの意味

- きっぱり、すっきりとした状態です
- 最も重要な変化があります
- 不要なものはさっさと捨てましょう

「畏敬」し
朝日は、
また、昇る

14

節制

優しい容姿をした天使が、大きな赤い羽根を
広げて穏やかに集中して水を注ぎいれています。
エネルギーと行動のバランスを取り
調和を保とうとしています。

カードの意味

- 気持ちが通じ合い、安心感があります
- 穏やかで協力し合えます
- エコロジーで安定した良いバランスです

聖杯の水
零さず
均衡保つ

15

悪魔

悪魔（サタン）は、タロットを
発明した本人とも言われています。
頭から角が生え、
背中にはコウモリの翼があります。

カードの意味

- 決めたことは、徹底して実行します
- カリスマ的な存在感があります
- ゲームや食欲、飲酒などは適度なたしなみが大切です

煩悩に
支配され
囚われる

16

塔

塔は「神の館」を示し、
人類の欲求と傲慢《ごうまん》さを表します。
このカードは崩壊や破たんを意味し、
尊大な野心と愚かしい行動の敗北を示します。

カードの意味

- 突然に驚く出来事があります
- 常に様々なことから刺激を受けています
- 衝撃的に問題が解決し、悪いことが一掃されます

落雷で
天罰下り
真っ逆さま

17

星

若く美しい女性が、跪《ひざまず》いて

２つの壺から大地と池に水を注いでいます。

天には、宇宙の諸力と精神の優位を

誇示するかのように大小の星が描かれています。

カードの意味

- 自由なひらめきが光ります
- 高い目標で才能と感性が豊かです
- 素直な気持ちを言葉にしましょう

「希望」や
才能があふれ
泉となる

18

月

月は、潜在意識（直観力・霊的覚醒・存在の神秘）
ないし未分化な不安定や悲観などの
精神状態を意味します。

カードの意味

- 曖昧で不安な気持ちを表します
- 膨らんだり縮んだり、変化があります
- 親など身近な人とのコミュニケーションが大切です

月明かり
一本の道
見えてきた

19

太陽

太陽は人類の生命力を強く育んできました。
子どもが大きな赤い旗を片手で軽々と持ち、
白馬にまたがっています。

カードの意味

- 活発で元気いっぱいです
- 笑顔で輝かしい喜びにあふれます
- リーダー的な存在を示します

太陽と笑顔で
「喜び」
咲き並ぶ

20

審判

菩薩《ぼさつ》は、「目覚めよ！」と念じながら
尺八を吹き鳴らし、それに応えるように棺から
死者が甦り、天を仰いでいます。女性が手を
伸ばし尺八の音波を受け取ろうとしています。

カードの意味

- 正確な情報が得られます
- 思いがけない知らせが舞い込みます
- ボランティア活動に携わります

知らせの音
待つ人々
喜びあふる

21

世界

完全を意味する栄冠の輪の中で
歓喜に満ちた女性が優雅に踊っています。
四隅は、頭部のみで意識のシンボルが描かれ、
四大元素と四季を表します。

カードの意味

- 努力の成果が得られます
- 完璧な状態を目指します
- チームの価値観や人生観が一致します

チームの調和
集う和の中
乙女舞う

小アルカナ（マイナーアルカナ）

小アルカナは、４種類のスート[※1]（マーク）があり、ワンド（杖）カップ（聖杯）ソード（剣）ペンタクル（金貨）で構成され、大アルカナに具体性を与え、人物や対人関係の個性や心理状態、社会的背景を表します。

スート	エレメント	キーワード	トランプでは
杖	火	情熱・活力	♣
聖杯	水	感情・情動	♥
剣	風	理性・知性	♠
金貨	地	物質的価値	♦

ワーク・エンゲージメント[※2]は、シャウフェリ教授[※3]によって提唱され、エンゲージメントを高めることによってチームの生産性が上がる、利益率が上がる、離職率が下がる、ミスが減るなどのメリットがあると様々な研究で明らかになっています。

♣「相互に影響し合う」……（杖）
♥「絆を深める」……………（聖杯）
♠「共に必要な存在」………（剣）
♦「成長する関係」…………（金貨）

を意識しましょう。

※1　スート：タロットの小アルカナ（56枚）に描かれているマークのこと。
※2　ワーク・エンゲージメント：仕事に対して、「活力」「熱意」「没頭」の３つの要件が揃った状態。
※3　シャウフェリ教授：ユトレヒト大学のウィルマー・B・シャウフェリ教授（組織心理学）。バーンアウト（燃え尽き症候群）の対極の概念として、ワーク・エンゲージメントの概念を提唱した。

杖
ワンド

相互に影響し合う

生命のエネルギーを象徴します。
生きるために必要な活力です。

杖	カードの種類	カードの意味
1		雲の中から伸びた神の手は、１本の棒を握り、情熱的なエネルギーを表します ♣ 将来の活動的情熱 ♣ 新しいことに積極的にチャレンジしましょう
2		自分の配下にある街並みを見下ろし、満足せず、世を手中に収める野望を抱きます ♣ 誇りを持ち主導権を得ます ♣ 未来への展望を持ち、決断をする時です
3		海原の彼方を眺め、未来に思いを馳せています。背後の２本の棒は、過去の実績を表します ♣ 人脈やスキルの活用 ♣ 成果が得られても満足することなく前進
4		城前でお祭りの中、２人の男女がこちらを向いて歓迎し、出迎えか見送りをしています ♣ マナーある楽しい職場や家庭 ♣ 信頼するチームや平和で祝福された結婚や家族など

5		5人の若獅子が互いに争う状態。未熟な故の自己主張と葛藤 ♣ 向上心が突出、乗り越える戦い一般 ♣ 痴話喧嘩や権力争いなどです
6		騎乗した勝者は、誇らしく行進しています。勝利を挙げ、名誉を得た事象を示します ♣ リーダーは自信を持ち躍進 ♣ 注目の的、順風満帆で優位な状態です
7		1本の棒を持った男性が少し高い位置から構えています。信念を持ち固守した状態です ♣ 勇気ある行動、少しの目的達成 ♣ 有利な立場で現状維持の状態です
8	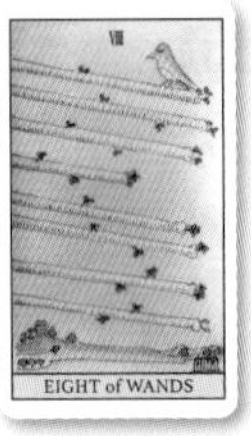	棒が飛来し、まさに今ここで止まった状態です。予期せぬ状況の変化を示します ♣ 新たな局面、成功につながるチャンス ♣ 良いニュースあり。問題が解決します
9		負傷した兵士が守りを固めています。最後まで諦めない頑なな姿勢です ♣ 徹底抗戦の構え ♣ 早期解決に向けて妥協案の行使も必要です

10		重い荷物を運ぶ白髪の男性。現代の高齢化社会では元気に年を重ねることが課題です ♣ 孤独になりがち、精神的重圧感 ♣ 独りでできることは限られています
小姓 （ペイジ）		少年（少女）は、踊り子。両手でしっかり杖を握りしめ任務をまっとうします ♣ リーダーへの気遣いが上手 ♣ 熱意ある行動で着実に向上しています
騎士 （ナイト）		好奇心で山野を駆け巡っています。社交性に富んでおり、衝動的な行動が特徴です ♣ 即決即断、元気で素直な人 ♣ 新しいことに勇気を持って行動できます
女王 （クィーン）		飾らない気さくな女王。動物に囲まれ優しさと気品があり、頼りになります ♣ 優れたリーダー ♣ 自然と人が集まり慕われます
王 （キング）		威厳に満ちた男性です。威圧的で攻撃的な面と強い意志を持つ頼もしい君主 ♣ 起業家・正直者 ♣ 恐れず果敢に前に出る成功者です

聖杯
カップ

絆を深める

人の感情を表し、状況に対する
喜怒哀楽を象徴しています。

聖杯	カードの種類	カードの意味
1		神の手の上にある聖杯から聖水があふれ出し、湖となり睡蓮が漂っています ♥ 幸せの予感や始まり ♥ 愛すべき対象が現れます
2		誓いの盃を交わし合う新郎新婦。相互の信頼を約束 ♥ 契約や結婚など ♥ 信頼できる仲間と深い心の結びつきがあります
3		乾杯する親子孫3代の女性達。親密な連帯チーム ♥ 組織やチーム ♥ コミュニケーションの広がり、強固な連帯感
4		男は、1つの差し出されたカップは並べられた3つと同じだと不満を抱きます ♥ 用心深さ、価値観の多様化 ♥ より良いものを求めてこだわります

5		目の前の3つの聖杯から零れた水を嘆き失望し、背後の2つの聖杯は見えていません ♥ 後悔先に立たず ♥ 気持ちの切り替えができない状態です
6		年上の少年が年下の少女に花を差し出しています。見返りのない懐かしい子ども時代の思い出 ♥ 経験から学べます ♥ 人脈の活用や郷愁を感じます
7		無欲に思える修行僧にも欲望はあります。本能的な欲望を幻影として表示しています ♥ 現実逃避 ♥ 選択肢が多く、欲しい物であふれています
8		満月に導かれ新たな道に進もうとしています。積み重ねたカップは過ぎ去った目標や価値観 ♥ 惰性を手放しましょう ♥ 未練あるが心変わりします
9		望みが叶うウィッシュカード。苦労なく富豪になった幸運な男性 ♥ 幸運が舞い込みます ♥ 期待通りか、それ以上の成果が得られます

10		青空に10個のカップがアーチを描いて並んでいます。家族の平凡でささやかな幸せを表現しています ♥ 最高の満足感、人間関係の充実 ♥ 家族やチームで幸せを分かち合いましょう
小姓 （ペイジ）		カップから出た魚が若者と見つめ合っています。魚は信仰心を示し素直で優しい愛すべきアイドル ♥ 芸術センスあり、慕われる相談役 ♥ 最先端で臨機応変な考え方を持っています
騎士 （ナイト）		馬に乗った青年がカップを右手に持ち、招待された場所に向かっています ♥ 礼儀正しい後輩思い ♥ 相手を考慮して行動できます
女王 （クィーン）		大いなる海を背景に座す女王は、蓋つきのカップを大切に抱えています。献身的な母親像を示します ♥ 慈悲深い人 ♥ 無償の愛を惜しみなく与えられます
王 （キング）		背後でとび跳ねた鯛は、信仰心を表します。海の中に座した王は、高い意識で敬意の対象 ♥ 温厚な援助する人 ♥ 人望あり、交渉事も自然体です

剣
ソード

共に必要な存在

剣は、積み上げられた知性や
培われた理性を教示します。

剣	カードの種類	カードの意味
1		神の手は、王冠が掛けられた剣を握り、上空に掲げられています。偉大な力を象徴しています ♠ 新しい思想、価値判断 ♠ 健全な発想で効果的な力を発揮します
2		三日月の海辺、目隠しをした女性が腕を交差し、２本の剣を立て、本心を見せることなく感情を抑え均衡を保っています ♠ 平和を保つ努力 ♠ 波風を立てず積極的な解決策があります
3		豪雨に打たれる赤いハートを３本の剣が突き刺し、心や心臓・身体が致命的な状況を象徴しています ♠ 心的外傷（トラウマ）や外科手術など ♠ 致命的な出来事が経験となります
4	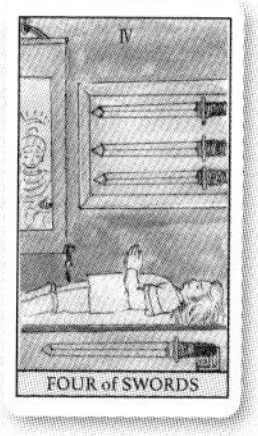	畳に合掌し横たわっている戦士。神の御加護を得て出陣の鋭気を補充しています ♠ 充電期間・リハビリ ♠ 無理せず休むことでリスクを回避します

5		戦いに勝利した男は、敗者を意識して奪った剣を集めています。非情で私利私欲を満たす状態 ♠ 非情な攻撃 ♠ 相手の立場を配慮しましょう
6		船頭が小舟を漕ぎ、親子を対岸まで運んでいます。水先案内人への信頼と旅立ちへの期待を表します ♠ 転機となっています ♠ 動くことが良い結果となります
7		抜き足差し足、秘密裏に５本の剣を持ち出し偽装工作する知恵者を表しています ♠ 本心を隠して目標を達成します ♠ 争いやトラブルの可能性があります
8		海辺に目隠しされ、包帯で巻かれた女性が周囲を剣に囲まれ立ちすくみ、客観性に欠け盲目的な状態です ♠ 自分では何もできず不安です ♠ 平常心によって危険を回避できます
9	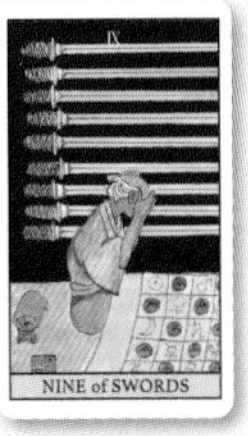	暗闇の中、顔を両手で覆い憂うつに苛《さいな》まれた男性。精神的な失望や落胆を抱いて不眠の状態 ♠ 情緒不安定になります ♠ 現実的な対処方法を考えましょう

10	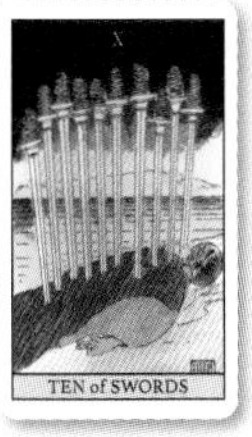	夜明け間近、波打ち際で背中を刺され倒れている男性。これ以上悪くなりません ♠ どん底です ♠ 最悪の中にも希望があります
小姓 （ペイジ）		用心深く警戒し、体勢を整え、敵の攻撃に備えています ♠ 調査分析する実利主義者 ♠ 様子を見守り、用意周到に立ち回ります
騎士 （ナイト）		騎乗した青年が剣を前方に掲げ、駆け抜けていきます。機敏で勇敢な状態です ♠ 早い処理能力 ♠ 先回りし、テキパキと行動できます
女王 （クィーン）		真っすぐに立てた剣を右手に持ち、静観しています。冷静な判断を下す厳正さ、心細やかな女王 ♠ 孤独な私生活、思慮深い人 ♠ 爽やかな正義感が好感を持たれます
王 （キング）		堂々と真正面を向き、ごまかしのない振る舞い。間違った者には容赦なく剣を振り下ろします ♠ 正しいことは断固として貫きます ♠ 論理的に然るべき処分を行います

金貨
ペンタクル

成長する関係

物質的な利益を示します。現実的で合理的な考えも象徴しています。

金貨	カードの種類	カードの意味
1		雲から伸びた神の手に1枚の大きなペンタクルを持ち、手入れされた居心地の良い庭が広がります ◆ 生産的な計画、確かな成果 ◆ 成功や繁栄の基盤ができます
2		両手に金貨をのせ交互に上下し、無限（∞・レムニスカート）の形に動かしています ◆ ２つの物事をバランスよく動かせます ◆ ネット、電子決済、メールや文章のやりとり
3		職人と依頼者のやり取り、向上心と努力で技術を駆使し、作品を仕上げて実績を積み重ねます ◆ 自他共に認められ、名声を得ます ◆ 専門技術の妥当な成果が出ます
4		冠を着けた男性が、４枚のペンタクルを頭と胸と両足に置いています。取られることへの不安を表しています ◆ 独占欲があり秩序を保ちます ◆ 出費を抑え安全策を維持します

5		雪降る夜、粗末な服装の男女が暖かい部屋を連想する窓の横を通過。男性は、足に怪我をしています ◆ 援助が必要です ◆ 手を差し伸べてくれる援助者がいます
6		商人は、天秤で分量を決めて貧しい人に利益を分け与えています。それぞれ平等にお互いが満足する配慮で助け合い ◆ 収支が安定しています ◆ 取引や交渉が成立し対等なやり取りができます
7		収穫物である7枚のペンタクルを見つめ、成果への不満を抱え、根本的な改善策を思案しています ◆ 理想を高く持ち、賢い世渡りを考えています ◆ 収穫物に不満足で無力さを感じています
8		鍛冶屋で修行中の職人が丁寧に仕上げています。技術に応じて収入も増え、やりがいを感じます ◆ 長期的展望で取り組んでいけます ◆ きちんとした金銭感覚を持ち技術を鍛えています
9		ぶどうが実る庭で目隠しされた小鳥を指先に止まらせ、自立した文学や芸術家の女性 ◆ 援助や支援を受けられます ◆ 経済的に自立した状態にあります

10		親子3代の日常的な光景。財産は血統的に受け継がれてきた資質を象徴し、家族やコミュニティを表します ◆ 福祉サービスや地域社会コミュニティー活動など ◆ 不自由ない豊かな暮らしができます
小姓 （ペイジ）		旅の途中、草原でペンタクルを丁寧に両手で支え持ち上げて眺めています。着実に実利を追求 ◆ マイペースな努力家 ◆ 根気よく続け確実に仕上げます
騎士 （ナイト）		青年が、黒い馬に乗り、ペンタクルを持ちたたずんでいます。責任感が強く最後まで見極めます ◆ 冷静で客観的 ◆ 最後まで責任ある行動がとれます
女王 （クィーン）		森の中、花に囲まれペンタクルを慈しむように優しく微笑んでいます ◆ 暖かく思慮深い人 ◆ 人や社会、環境に配慮したビジネスで富を築きます
王 （キング）		富豪の王は、膝の上にのせたペンタクルを見つめ、思慮深くうつむき人望を失わないようにしています ◆ 経営者、経済界の成功者 ◆ 情熱と根気強さで結果を出します

展開（スプレッド）：『深層心理占い』

カード❶（顕在意識）：
カップのクイーン（逆位置）

カード❷（無意識）：
カップのナイト（正位置）

絆を深めるカップのカードが多く出ています

カード❸（潜在意識）：
XⅦ星（正位置）

星のカードは、チームのレジリエンス（回復力）を高めるためのポジティブな感情や「希望」を表します。

カード①の顕在意識は、カップのクイーンです。優しく思いやりがあります。逆位置なのでチーム内では、内向的で感受性が強くネガティブに考えて現実逃避的になっている状態です。
カード②の無意識は、カップのナイトです。自分が意識せずに周囲と協力し穏やかに相手を考慮して行動しています。
カード③の潜在意識は、XⅦの星です。直感やひらめきなど才能やセンスを大切にし、人材や計画を育むことに希望を見出そうと無意識に思いが蓄積されています。
総合判断：カード①と②は、どちらもカップのカードが出ており、カード③は、「希望」を表わす“星”のカードが展開されています。チームの“絆を深める”ことを意識し、レジリエンスを高めるため潜在意識である感情の泉にポジティブな思いを注ぎ込もうとしています。

タロットカード雑学

タロットの歴史

タロットの起源は不明です。18世紀フランスの神秘学者クール・ド・ジュブラン[※1]はエジプト説を唱えています。ピラミッドの石棺の中に眠るミイラが抱いていたと言われる“ヘルメスの書”がタロットカードの起源とし、魔法書であるとしているのです。この説に基づいて多くのタロットカードがエジプト調で構成されています。しかし、現在ではインド説の方が主流です。一部にはジプシーによるものだと言う人もいますが、ジプシーは単にカードを広めただけにすぎません。また、インド説についても小アルカナに対して唱えられており、大アルカナの方は謎に包まれています。

占いカードとしてのタロットの発展

タロットが北イタリアに姿を見せたのは14世紀のことです。15世紀に入るとフランスに伝わり、爆発的なブームとなります。その頃は主にギャンブル用として使われていたようですが、ジプシー達の手により占いの方で流布し、また一部の貴族の慰みものとされていたようです。このような混乱から魔法書としての秩序を取り戻す働きをしたのが、1886年にイギリスで設立されたゴールデン・ドーン[※2]（黄金の夜明け団）です。この団体ですが、その主な目的の一つとしてタロットカードの意味をはっきりさせることがありました。中でも、アーサー・エドワード・ウェイト、アレイスター・クロウリーの活動はめざましく、それぞれのオリジナルのカードを作っています。

日本へは、いつ入ったか

日本でタロットが知れ渡るきっかけとなったのは、昭和30年代、澁澤龍彦氏、種村季弘氏による紹介ですが、一般に広まったのは昭和49年、ユリ・ゲラーとともに起こる第一次オカルトブーム以来と言えます。現在、神戸、大阪の「魔女の家」を主宰するアレクサンドリア木星王氏が一般向けの多くの著作を著しています。

※1　クール・ド・ジュブラン：タロットカードを「古代エジプトの叡智を秘めた運命の書」と紹介した。

※2　ゴールデン・ドーン：19世紀に英国で結成された魔法結社。オール絵札の「ウェイト版タロット」（ライダー版）を考案したアーサー・エドワード・ウェイトや画家のパメラ・コールマン・スミスなどが所属。

おわりに

こんにちは、秋櫻萌心（コスモス・モココ）です。

私がタロットカードに出合ったのは、高校生の頃です。その神秘さに魅了され、社会人になり勤務先に出入されていた本屋さんからアレクサンドリア木星王先生の『幸運シリーズ⑦最新決定版オリジナルカード付タロット占い』を購入しました。オリジナルのタロットカードは、洗練されて素晴らしいものでした。その後、働きながら出産や育児、離婚や再婚そして自身の大学進学など人生の山や谷を経験しましたが、タロットカードに触れることはありませんでした。そんなある日、カルチャーセンターでタロットカード教室を見つけ習いはじめました。そして恩師リリー・マリンカ先生のご提案でオリジナルのタロットカードを作ることができました。

最後になりましたが、本書の企画と編集に労を取っていただきました幻冬舎ルネッサンスの皆様に心より感謝いたします。

還暦を迎え、臨床検査技師で神経心理学検査を行い公認心理師として心理学を学ばせていただき、今、思うことは、自分の願いや強みを生かすには、少なからず周囲の人々も巻き込み影響を与えることが大切だということです。社会生活をより良くするためには心理的安全性や反省的実践が不可欠です。自分の心の状態を知りポジティブな気持ちと言葉を相手と共有し、お互い高め合える家族や組織のチーム作りにお役立ていただければ幸いです。

〈 著者紹介 〉

秋櫻 萌心（コスモス モコ）

山口県防府市出身、広島県広島市在住
一般社団法人　日本占術協会　広島支部会員
認定占術士（2016年新人賞受賞、2020年奨励賞受賞）

タロットカードイラスト担当：
石川 小百合（いしかわ さゆり）
DECOクレイクラフト認定講師

自分《じぶん》の価値観《かちかん》を知《し》る
日本風《にほんふう》タロットカード占術《せんじゅつ》
ポジティブ思考《しこう》のチーム作《づく》り

2024年 5月31日　第1刷発行

著　者　　秋櫻萌心
発行人　　久保田貴幸

発行元　　株式会社 幻冬舎メディアコンサルティング
〒151-0051　東京都渋谷区千駄ヶ谷 4-9-7
電話　03-5411-6440（編集）

発売元　　株式会社 幻冬舎
〒151-0051　東京都渋谷区千駄ヶ谷 4-9-7
電話　03-5411-6222（営業）

印刷・製本　中央精版印刷株式会社
装　丁　　江草英貴

ISBN 978-4-344-94968-3　C0076
幻冬舎メディアコンサルティング HP
https://www.gentosha-mc.com/